EL PRINCIF

cebras
BEBÉS

KATE RIGGS

CREATIVE EDUCATION • CREATIVE PAPERBACKS

TABLA DE

CONTENIDO

SOY UN POTRILLO.

Soy una cebra bebé.

oreja

cola

pata

Al nacer,
pesé alrededor
de 70 libras
(31.8 kg).

¡Puedo pararme, caminar, y correr antes que pasara una hora!

pezuña

Al **principio**,
tomo la leche
de mi madre.
La sigo a todas
partes.

Pronto empiezo
a comer hierbas
y otras plantas.

Puedo correr
rápido con
mis patas
largas.

Conozco a todas las cebras de
mi familia. Las rayas de cada
uno de nosotros son diferentes.

¡Soy
una cebra
joven!

HABLA Y ESCUCHA

HEH-HEH

¿Puedes hablar como un potrillo? Las cebras ladran, relinchan, y resoplan.

Escucha esos sonidos:

https://www.youtube.com/watch?v=MbiwzHdW1PM

¡Ahora es tu turno!

PALABRAS BEBÉS

crin: pelo largo que crece en el cuello de algunos animales

ÍNDICE

PUBLICADO POR CREATIVE EDUCATION Y CREATIVE PAPERBACKS
P.O. Box 227, Mankato, Minnesota 56002
Creative Education y Creative Paperbacks son marcas editoriales de The Creative Company
www.thecreativecompany.us

COPYRIGHT © 2021 CREATIVE EDUCATION, CREATIVE PAPERBACKS
Todos los derechos internacionales reservados en todos los países. Prohibida la reproducción total o parcial de este libro por cualquier método sin el permiso por escrito de la editorial.

DISEÑO Y PRODUCCIÓN
de Chelsey Luther & Joe Kahnke
Dirección de arte de Rita Marshall
Impreso en China
Traducción de TRAVOD, www.travod.com

FOTOGRAFÍAS de Alamy (James Davies, Design Pics Inc, robertharding, South Africa, Steve Bloom Images), Minden Pictures (Tony Heald/NPL, Andy Rouse/NPL), Shutterstock (Bohbeh, Petr Bonek, Eric Isselee, Gunter Nuyts, Johan Swanepoel), SuperStock (Alexandra Sailer/Pantheon)

INFORMACIÓN DEL CATÁLOGO DE PUBLICACIONES
de la Biblioteca del Congreso is available under PCN 2019957394.
ISBN 978-1-64026-461-8 (library binding)
ISBN 978-1-62832-996-4 (pbk)

HC 9 8 7 6 5 4 3 2 1
PBK 9 8 7 6 5 4 3 2 1